Management von Sportvereinen. Personalmanagement, Vereinsgründung und Herausforderungen

Johannes Kölmel

Bibliografische Information der Deutschen Nationalbibliothek:

Die Deutsche Nationalbibliothek verzeichnet diese Publikation in der Deutschen Nationalbibliografie; detaillierte bibliografische Daten sind im Internet über http://dnb.d-nb.de abrufbar.

ISBN: 9783346386816
Dieses Buch ist auch als E-Book erhältlich.

Einsendeaufgabe

Management von Sportvereinen
Alternative C

online eingereicht am 14.01.2021
SRH Fernhochschule

Modul: Management von Sportvereinen
Studiengang: Sportmanagement (B.A.)

Von
Johannes Kölmel

Studiengang: Sportmanagement (B.A.)

Inhaltsverzeichnis

Abkürzungsverzeichnis

AG	Aktiengesellschaft
BGB	Bürgerliches Gesetzbuch
BMJV	Bundesministerium der Justiz und für Verbraucherschutz
BSC	Berliner Sport-Club
bspw.	beispielsweise
ca.	circa
Co. KGaA	Compagnie Kommanditgesellschaft auf Aktien
DFL	Deutsche Fußball Liga
DOSB	Deutscher Olympischer Sportbund
etc.	et cetera
e.V.	eingetragener Verein
evtl.	eventuell
FC	Fußball-Club
GMBH	Gesellschaft mit beschränkter Haftung
Mio.	Millionen
Mrd.	Milliarden
RB	RasenBallSport
SC	Sportclub

TSG	Turn- und Sportgemeinschaft
VFB	Verein für Bewegungsspiele
VFL	Verein für Leibesübungen
vgl.	vergleiche

Abbildungsverzeichnis

Tabellenverzeichnis

Gendererklärung

In dieser Arbeit wird aus Gründen der besseren Lesbarkeit das generische Maskulinum verwendet. Weibliche und anderweitige Geschlechteridentitäten werden dabei ausdrücklich mitgemeint, soweit es für die Aussage erforderlich ist.

1 Personalmanagement in nicht-kommerziellen Sport-vereinen

„Personalmanagement ist die Summe der mitarbeiterbezogenen Gestaltungs-maßnahmen zur Verwirklichung der strategischen Unternehmensziele."[1] Dieses Zitat verdeutlicht die Tatsache, dass Personalmanagement in der heutigen Zeit weitaus mehr als die reine Verwaltung des Personals bedeutet. Zu den Aufga-benfeldern des Personalmanagements zählen:

→ Personalverwaltung,

→ Personalentwicklung und

→ Personalorganisation.

In der folgenden Abbildung werden diese Aufgabenfelder nochmals unterteilt.

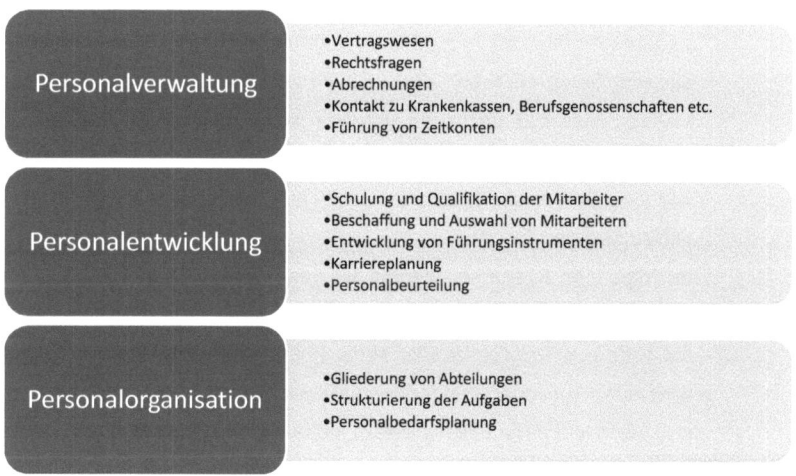

Abbildung 1: Aufbau Personalwesen (Quelle: Eigene Darstellung, in Anlehnung an Hau-brock, A., Öhlschlegel-Haubrock, S. (2009), S. 16)

Diese Untergliederung der Aufgaben zeigt, wie umfangreich das Personalma-nagement ist. Dieses Modell des Personalmanagements ist für Unternehmen und Organisationen jeder Art anwendbar. In dieser Aufgabe wird speziell das Perso-nalmanagement eines nicht-kommerziellen Sportvereins näher betrachtet.

Ein Sportverein dieser Art, auch „Nonprofit-Organisation" genannt, hat vor allem das Vereinsziel, ein gemeinwohlorientiertes Sportangebot bereitzustellen.

---

[1] Haubrock, A., Öhlschlegel-Haubrock, S. (2009), S. 15

Hierbei werden Werte wie bspw. Fair Play, Toleranz etc. vermittelt und eine preiswerte Möglichkeit, Sport zu treiben, geboten.[2] Ein weiteres Vereinsziel eines „Nonprofit-Vereins" ist das Ziel der sozialen Mission. Das bedeutet, die Priorität liegt auf der Erreichung sozialer Ziele wie Gemeinschaft und Geselligkeit und nicht bei dem Erreichen monetärer Ziele, wie den größtmöglichen Gewinn zu erwirtschaften.

In einem nicht-kommerziellen Verein arbeiten hauptamtlich bezahlte Arbeitskräfte mit ehrenamtlichen Mitarbeitern zusammen, welche unentgeltlich für den Verein arbeiten, was bedeutet, dass sie keine Vergütung für ihren Arbeitsaufwand erhalten.[3]

Daraus entstehen viele Herausforderungen bei der Personalplanung für diese Sportvereine, da sie auf ehrenamtliche Mitarbeiter angewiesen sind. Die größte Herausforderung ist die Gewinnung ehrenamtlicher Funktionäre. Zudem ist ein weiteres Problem die Anzahl an verfügbaren Trainern, Sportlern und Mitgliedern, die sich bereit erklären, ehrenamtlich zu arbeiten. Dahingehend kann in den meisten nicht-kommerziellen Vereinen keine rationale Personalbedarfsplanung sowie -beschaffung vorgenommen werden, da teilweise nicht vorhersehbar ist, wie viele potenzielle Mitarbeiterkandidaten auf dem aktuellen Markt überhaupt vorhanden sind.[4]

Im folgenden Abschnitt werden die gesamten Herausforderungen, welche für nicht-kommerzielle Vereine im Bereich des Personalmanagements auftreten, mit Hilfe des Praxisbeispiels eines Fußball-Jugendtrainers aufgezeigt. Hierzu wird näher auf Jugendtrainer des Fußballs innerhalb der Amateurligen eingegangen, welche ehrenamtlich arbeiten, da bei den Fußballvereinen der ersten, zweiten und teilweise auch der dritten Bundesliga die Trainer bereits in den Jugendmannschaften hauptberuflich angestellt sind.

Angewandt auf dieses Praxisbeispiel tritt die erste Herausforderung bei der Bedarfsplanung auf. Ein Sportverein kann sich den Personalbedarf innerhalb des Vereins in der Theorie ausrechnen. Jedoch herrscht aufgrund der steigenden Nachfrage nach Arbeitskräften im Dienstleistungssektor ein Mangel an ehrenamtlichen Funktionären und somit kann die Planung oftmals nicht in die Praxis

---

[2] Vgl. cdn.dosb (2010), S. 9
[3] Vgl. Englert, B. (2019), S. 1-2
[4] Vgl. cdn.dosb (2010), S. 10-11

umgesetzt werden. Aus diesem Grund können Sportvereine teilweise nicht in jeder Altersklasse eine Jugendmannschaft stellen.

Außerdem ist eine weitere Herausforderung für einen „Nonprofit-Verein", die eigene Performance ständig verbessern zu müssen und gleichzeitig effizient und ressourcensparend zu arbeiten. Dies resultiert aus den finanziellen Engpässen nicht-kommerzieller Vereine, die vor allem wegen der sinkenden staatlichen Subventionen sowie stagnierender Privatspenden entstehen. Für die Erreichung dieser Ziele bildet das Personal die wichtigste Ressource.[5] Zurückkommend auf das Beispiel des Jugendtrainers bedeutet dies, dass alle Sportvereine nach qualifizierten Jugendtrainern suchen. Aufgrund dessen, dass das soziale gesellschaftliche Engagement und nicht das Leistungsprinzip bei „Nonprofit-Vereinen" im Vordergrund steht, ist es für viele qualifizierte Jugendtrainer nicht attraktiv genug, bei einem nicht-kommerziellen Verein zu arbeiten. Zudem sind die Gehaltsstrukturen und Aufstiegschancen deutlich geringer als bei „Profit-Vereinen", weshalb sich qualifizierte Trainer in den meisten Fällen gegen eine ehrenamtliche Tätigkeit entscheiden. Daraus resultiert im „Nonprofit-Sektor" die Problematik, dass sie wegen des dringenden Bedarfs oftmals Personal einstellen, welches aktuell zur Verfügung steht, obwohl es nicht die nötige Ausbildung besitzt. Bspw. werden in den Jugendmannschaften teilweise Elternteile der Kinder in der Funktion des Jugendtrainers eingesetzt, die jedoch keine Trainerausbildung besitzen.

Die dritte Herausforderung besteht in der Bindung des Personals. Ein ehrenamtlicher Mitarbeiter ist nicht an den Verein gebunden und kann diesen nach eigenem Willen jederzeit verlassen. Deswegen müssen Anreize seitens des Vereins geschaffen werden, damit die ehrenamtlichen Funktionäre eine Motivation aus der eigenen Arbeit im Verein schöpfen und Freude und Spaß an ihrer ehrenamtlichen Tätigkeit haben. Hierzu dient die Bedürfnispyramide nach Maslow als geeignetes Modell, dies beispielhaft zu veranschaulichen.

---

[5] Vgl. Englert, B. (2019), S. 2, 7

Abbildung 2: Bedürfnispyramide nach Maslow (Quelle: Eigene Darstellung in Anlehnung an Homburg-Stock, R. (2010), S. 71)

Die Pyramide wurde von dem amerikanischen Psychologen Abraham Maslow im Jahr 1943 entwickelt. Sie beruht auf der Annahme, dass Menschen durch immanente und äquivalente Bedürfnisse motivierbar sind. Die Bedürfnisse sind hierarchisch angeordnet, was bedeutet, dass die hierarchisch höheren Bedürfnisse erst aktiviert werden, sobald die niedrigeren Bedürfnisse ausreichend befriedigt sind. Die physiologischen Bedürfnisse wie bspw. das Verlangen nach Nahrung, Wasser, Luft etc. sowie die Sicherheitsbedürfnisse wie eine sichere, stabile Umgebung sind größtenteils mit Hilfe von Geld zu erlangen.[6] Übertragen auf nichtkommerzielle Vereine bedeutet dies, dass die beiden wichtigsten Bedürfnisse eines Menschen durch eine ehrenamtliche Tätigkeit nicht befriedigt werden können. Deshalb müssen Anreize gesetzt und Maßnahmen ergriffen werden, um die hierarchisch höheren Bedürfnisse der Pyramide zu befriedigen. Das Management eines Vereins hat somit die Aufgabe, sich mit den Wünschen und Vorstellungen der Mitarbeiter auseinanderzusetzen und daraufhin Motivationsanreize zu schaffen. Diese Motivation kann durch folgende Maßnahmen ausgelöst werden:

→ den Mitarbeitern ein Gefühl der Zugehörigkeit vermitteln,

→ optimale Rahmenbedingungen schaffen,

→ den Mitarbeitern mit wertschätzender Haltung gegenübertreten,

→ gute Leistungen wahrnehmen und aktiv loben,

---

[6] Vgl. Homburg-Stock, R. (2010), S. 71-72

→ aktive Einbindung in die Entwicklung des Vereins,

→ Feiern organisieren, um das Gefühl der Gemeinschaft zu stärken,

→ zum Geburtstag eine persönliche Karte im Namen des Vereins schicken,

→ freie Nutzung der Vereinsanlage für private Zwecke den Mitarbeitern ermöglichen etc.[7]

Insgesamt lässt sich festhalten, dass das Personalmanagement eines nicht-kommerziellen Vereins viele Herausforderungen beinhaltet. Dennoch gibt es genügend Möglichkeiten, diese Herausforderungen erfolgreich zu meistern. Hierzu muss das Management eine Identität des Vereins definieren, damit sich Menschen damit identifizieren können und an der Entwicklung eines Vereins ihren Teil beitragen möchten. Die soziale Mission muss klar formuliert sein, um so viele ehrenamtliche Funktionäre wie möglich zu gewinnen, da sie die wichtigste Ressource eines nicht-kommerziellen Vereins darstellen.

Zusätzlich können Instrumente aus der Betriebswirtschaftslehre unterstützend bei ehrenamtlichen Tätigkeiten wirken wie bspw. die Projektarbeit, welche in einem begrenzten Rahmen ein inhaltliches Ziel zu erreichen versucht. Ein positiver Aspekt ist die Tatsache, dass ein zeitlicher sowie inhaltlicher Rahmen vor dem Projekt bekannt ist, da die Ehrenamtlichen somit planen können, ob sie das Projekt begeistert und sie die vorgegebene Zeit aufbringen können bzw. möchten. Sie ist ein geeignetes Instrument, um die ehrenamtlichen Funktionäre zu entlasten und Spaß an der Arbeit zu generieren. Außerdem können dadurch neue Interessenten einen Blick in die Vereinsarbeit werfen und evtl. als neue ehrenamtliche Mitarbeiter gewonnen werden.[8]

Dennoch müssen auch Risiken mit dem Einsatz betriebswirtschaftlicher Instrumente beachtet werden. Eine strikte betriebswirtschaftliche Führung vom Management eines „Nonprofit-Vereins" kann negative Auswirkungen auf den Verein nach sich ziehen, da im Sport der Erfolg nicht hundertprozentig vorhergesehen werden kann sowie die Gemeinnützigkeit vieler Vereine die klassischen betriebswirtschaftlichen Ziele wie bspw. eine maximale Gewinnausschüttung etc. aufgrund der geringen finanziellen Mittel oftmals nicht darstellbar sind.

---

[7] Vgl. Wadsack, R. (2003), S. 37-39, 46
[8] Vgl. Ingerfurth, Prof. Dr. S., Fink, N. (2016), S. 48

Zusammenfassend lässt sich sagen, dass das Management eines nicht-kommerziellen Sportvereins betriebswirtschaftliche Instrumente durchaus nutzen kann, jedoch müssen diese vor der Anwendung hinterfragt und kritisch betrachtet werden, ob sie problemlos in der Sportbranche angewendet werden können.[9]

2 Vereinsgründung & Rechtsformwahl

Bei der Gründung eines eingetragenen Vereins müssen die allgemein geltenden Bestimmungen des BGB beachtet werden.

Die gesetzlichen Voraussetzungen für die Gründung eines eingetragenen Vereins sind:

→ die Mitgliederanzahl des Vereins muss mindestens sieben betragen (§59 BGB),

→ Satzung mit den Bestandteilen Zweck, Name und Sitz des Vereins sowie die Aussage, dass der Verein ins Vereinsregister eingetragen werden soll (§57 BGB),

→ Inhalt der Vereinssatzung mit weiteren Bestimmungen über den Eintritt und Austritt von Mitgliedern, die Beitragspflichten, die Bildung des Vorstands, die Voraussetzungen und die Form für die Einberufung der Mitgliederversammlung und die Beurkundung ihrer Beschlüsse (§58 BGB).

Nachdem eine Satzung von mindestens sieben Mitgliedern erstellt und unterschrieben wurde, kann diese beim zuständigen Amtsgericht eingereicht werden. Zusätzlich werden ein Anmeldungsschreiben sowie eine Abschrift von Unterlagen, aus denen sich die Bestellung des Vorstands ergibt, zur Einreichung benötigt. Nachdem der Verein ins Register eingetragen wurde, erhält der Vereinsname den Zusatz „e.V.".[10]

Der Sport und somit auch die Rechtsform des eingetragenen Vereins nehmen in Deutschland eine wichtige Stellung ein. Nach aktuellem Stand im Jahr 2020 zählt Deutschland 88.134 eingetragene Sportvereine landesweit.[11] Erwähnenswert hierbei ist, dass die Rechtsform des eingetragenen Vereins innerhalb des Spitzensports nicht mehr die Norm darstellt. Hierbei wurde die erste

---

[9] Vgl. Bölz, M. (2015), S. 7
[10] Vgl. BMJV (2016), S. 14-22
[11] Vgl. Statista (2020a), (23.12.20, 11:40)

Fußballbundesliga für eine genauere Betrachtung herangezogen. Hier variieren die Rechtsformen der Vereine stark.

Rechtsformen der Fußball-Bundesligisten 2020

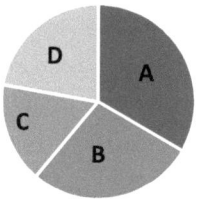

A ▪ GmbH & Co. KGaA **B** ▪ GmbH **C** ▪ AG ▪ e.V. **D**

Abbildung 3: Rechtsformen der Fußball-Bundesligisten 2020 (Quelle: Eigene Darstellung, in Anlehnung an Statista (2020b), (23.12.20, 12:01))

In diesem Kreisdiagramm ist zu erkennen, dass sechs Vereine der Fußball-Bundesliga eine GmbH & Co. KGaA, fünf Vereine eine GmbH, vier Vereine ein e.V. und drei Vereine die Rechtsform der AG besitzen. Basierend auf diesen Unterschieden stellt sich die Frage, welche Rechtsform für einen neu gegründeten Profisportverein die ideale Rechtsform darstellt. Folglich wird anhand von Praxisbeispielen der Bundesligavereine eine detaillierte Analyse der bereits erwähnten vier Rechtsformen durchgeführt und die Vor- und Nachteile näher beleuchtet.

Eingetragener Verein (e.V.)

In der aktuellen Bundesliga-Saison 2020/2021 gibt es vier eingetragene Vereine (Union Berlin, Schalke 04, Mainz 05 und SC Freiburg).[12] Diese Rechtsform bringt den Vorteil mit sich, dass grundsätzlich Entscheidungen demokratisch getroffen werden und somit alle Mitglieder die gleichen Rechte und Pflichten besitzen.[13] Hierzu lädt ein eingetragener Verein wie bspw. der SC Freiburg einmal jährlich zur Mitgliederversammlung ein, um die Ziele und Maßnahmen zu besprechen und jedem Mitglied das gleiche Stimmrecht zu gewähren.[14] Außerdem genießt ein eingetragener Verein weitere Vorteile wie Steuervergünstigungen, geringe Gründungskosten sowie die Tatsache, dass kein Mindestkapital bei der Gründung benötigt wird.

---

[12] Vgl. kicker (2020), (29.12.20, 11:15)
[13] Vgl. vereinsknowhow (2020), (29.12.20, 11:38)
[14] Vgl. scfreiburg (2017), (29.12.20, 11:56)

Im Gegensatz dazu ist der große Nachteil, dass solche Vereine keine wirtschaftlichen Zwecke verfolgen dürfen und sich somit nur nachrangig wirtschaftlich be-
tätigen dürfen.[15] Hier kam bereits des Öfteren die Frage auf, ob es rechtens ist,
wenn ein Verein aus der ersten Fußball-Bundesliga, welcher Umsätze in Millio-
nenhöhe verzeichnet, als eingetragener Verein auftritt. Ein eingetragener Verein
definiert sich darüber, dass er einen ideellen und keinen wirtschaftlichen Zweck
verfolgt, woraus bei einem Blick auf die Einnahmen der Bundesligisten durchaus
Zweifel aufkommen, ob dieser „Non-Profit-Charakter" von allen eingetragenen
Vereinen erfüllt wird. Ein Blick auf die Einnahmen aller 18 Bundesligisten zeigt,
dass sie bspw. in der Saison 2012/2013 insgesamt ca. 1,2 Mrd. Euro durch
Fernsehrechte sowie 470 Mio. Euro durch Ticket- und 120 Mio. Euro durch Fan-
artikelverkäufe einnahmen, was die unternehmerische Tätigkeit der Bundesligisten deutlich unterstreicht.[16] Ein passendes Beispiel ist der FSV Mainz 05 e.V. aus
der Saison 2017/2018, welcher einen Umsatz von 114,1 Mio. Euro erwirtschaf-
tete und als eingetragener Verein gelistet ist. Das Amtsgericht Mainz setzte daraufhin dem Club eine Frist, um einen Ausgliederungsplan der Lizenzspielerabteilung vorzulegen. Falls dieser Plan in der gesetzten Frist nicht vorliegt, droht
die Löschung aus dem Vereinsregister.[17] Aus diesem Grund haben von den 18
Bundesligisten bereits 14 Vereine ihre Rechtsform angepasst und die Lizenzspielerabteilung ausgegliedert.

Gesellschaft mit beschränkter Haftung (GmbH)
In der aktuellen Saison 2020/21 sind fünf Vereine in der Rechtsform einer GmbH
organisiert (Bayer 04 Leverkusen, Borussia Mönchengladbach, RB Leipzig, TSG
1899 Hoffenheim, VFL Wolfsburg).[18]
Eine GmbH besteht aus den Organen der Geschäftsführung und den Gesell-
schaftern. Die Geschäftsführung leitet und vertritt das Unternehmen, und die Gesellschafter sorgen für die Bereitstellung der finanziellen Mittel und halten damit
die Anteile an der GmbH. Bei der Gründung muss ein Stammkapital hinterlegt
werden, was in der Fußball-Bundesliga bei 2,5 Mio. Euro liegt. Die Vorteile einer
GmbH sind der Ausschluss der persönlichen Haftung der Gesellschafter sowie

---

[15] Vgl. vereinsknowhow (2020), (29.12.20, 12:07)
[16] Vgl. v. Appen, J., Schwarz, P. (2014), S. 112
[17] Vgl. allgemeine-zeitung (2018), (4.1.21, 10:37)
[18] Vgl. kicker (2020), (4.1.21, 10:54)

die steuerrechtlich günstige Absicherung des Gesellschaftergeschäftsführers. Als Nachteile werden die erschwerte Kapitalbeschaffung, da kein Zugang zu den Kapitalmarktbörsen vorhanden ist, und die eingeschränkte Möglichkeit neue Kapitalgeber zu gewinnen, genannt.[19] Somit passt diese Rechtsform zu Vereinen, die ihren Gesellschafterkreis klein halten wollen und diesen langfristig binden möchten. Als Beispiele können der VFL Wolfsburg angeführt werden, bei welchem die Volkswagen AG 100% der Anteile hält und die TSG 1899 Hoffenheim, bei der Mäzen Dietmar Hopp insgesamt 96% der Anteile am Verein besitzt.[20]

Aktiengesellschaft (AG)

Als AG sind in der aktuellen Spielzeit lediglich drei Vereine gelistet (Eintracht Frankfurt, FC Bayern München, VFB Stuttgart).[21] Diese Vereine begründeten die Ausgliederung von einem eingetragenen Verein hin zu einer AG durch die zunehmende Unvereinbarkeit des wirtschaftlichen Geschäftsbetriebs und dem ideellen Zweck eines Non-Profit-Vereins. Zusätzlich konnte durch die Ausgliederung hin zu einer Aktiengesellschaft kurzfristig neues Kapital beschafft werden, da bei Gründung einer AG ein Grundkapital von mindestens 50.000 Euro eingezahlt werden muss. Hierbei gibt es speziell beim Fußball eine Ausnahme.[22] Die DFL-Lizenzierungsordnung schreibt Fußballvereinen vor, dass sie bei der Ausgliederung zu einer AG sogar mindestens 2,5 Mio. Euro aufbringen müssen,[23] was im Beispiel des FC Bayern München für eine Finanzierung eines neuen Stadions sowie zur Erhaltung der internationalen Wettbewerbsfähigkeit notwendig war sowie bei Eintracht Frankfurt zur Abwendung der Insolvenz diente.[24]

Das Kapital des Vereins wird bei einer Ausgliederung in Aktien zerlegt und mobilisiert. Daraus ergibt sich die Möglichkeit, Kapital von zahlreichen Kapitalanlegern einzutreiben, die sich somit Anteile am Unternehmen sichern können. Der daraus entstehende Nachteil ist die Einschränkung der Eigenständigkeit einer AG, da jeder Anteilseigner genauso viele Stimmrechte wie Anteile besitzt.[25] Dieser Nachteil wird im Fußball bisher größtenteils durch die „50+1-Regel"

---

[19] Vgl. Rocco, J. (2020), S. 5
[20] Vgl. onefootball (2018), (5.1.21, 12:36)
[21] Vgl. kicker (2020), (5.1.21, 14:03)
[22] Vgl. Schötz, S. (2014), S. 4
[23] Vgl. media.dfl (2020), S. 36
[24] Vgl. Schötz, S. (2014), S. 4
[25] Vgl. Schmalenbach, E. (2013), S. 85-86

eingedämmt. Diese besagt, dass eine AG in der ersten und zweiten Bundesliga nur dann spielberechtigt ist, wenn der Mutterverein noch mindestens 51% der Stimmanteile hält, sprich mehrheitlich an der Kapitalgesellschaft beteiligt ist.[26]

Abbildung 4: Anteilseigner der FC Bayern München AG (Quelle: Eigene Darstellung, in Anlehnung an statista (2020c), (5.1.21, 15:24))

Diese Regel ist im obigen Beispiel der FC Bayern München AG dargestellt. Der Mutterverein FC Bayern München e.V. hält 75% der Anteile und die drei externen Anteilseigner Adidas, Allianz und Audi jeweils 8,33% der Anteile.

Aufgrund der hohen Kapitaleinlage bei der Gründung ist diese Rechtsform hauptsächlich für sehr wirtschaftsstarke Vereine empfehlenswert.

Kommanditgesellschaft auf Aktien mit GmbH als Komplementär (GmbH & Co. KGaA)

Die GmbH & Co. KGaA beschreibt die meistverbreitete Rechtsform in der Fußballbundesliga. Hierunter fallen sechs Vereine (Arminia Bielefeld, Borussia Dortmund, FC Augsburg, Hertha BSC Berlin, Werder Bremen, 1. FC Köln).

Der große Vorteil dieser Rechtsform ist, dass die GmbH als Komplementär komplett für den Verein haftet, was bedeutet, dass der Mutterverein 100% der Anteile halten kann und somit nicht in der Eigenständigkeit und Entscheidungsfreiheit eingeschränkt wird. Ein weiterer Vorteil liegt in der Möglichkeit, einen Börsengang zu vollziehen, womit der Prozess der Kapitalbeschaffung erleichtert werden

---

[26] Vgl. dfl (2018), (5.1.21, 15:16)

kann.[27] Bisher hat jedoch nur Borussia Dortmund davon gebraucht gemacht und ist seit dem Jahr 2000 an der Börse gelistet.[28]

Dahingehend ist diese Rechtsform passend für Vereine, die einen Börsengang anstreben, jedoch nicht ihre kompletten Stimmanteile aufgeben möchten, um den Einfluss zu sichern.

Resümierend ist festzuhalten, dass die Rechtsformwahl individuell zu betrachten ist und nicht für jeden Verein die gleiche Rechtsform ideal ist. Dies wird dadurch deutlich, dass in der Bundesliga vier verschiedene Rechtsformen vertreten sind. Somit stellt sich den Vereinen die Aufgabe, die eigenen Bedürfnisse und Anforderungen an eine Rechtsform zu analysieren sowie die Regelungen der DFL zu berücksichtigen, um die individuell ideale Rechtsform zu wählen.

---

[27] Vgl. pinsetmansons (2020), (5.1.21, 15:55)
[28] Vgl. aktie.bvb (2020), 5.1.21, 16:10)

3 Managementherausforderungen

Die Managementherausforderungen für die Verantwortlichen eines Vereins haben sich in den letzten zehn Jahren stark verändert. Diese Herausforderungen beziehen sich vor allem auf die Bereiche Kundenbeziehungsmanagement, Finanzierung, Controlling und Personalmanagement. Im folgenden Abschnitt werden die Gründe für die Veränderungen in diesen Bereichen genannt und mit Beispielen verdeutlicht.

Einen Aspekt der Veränderung stellt der demografische Wandel dar. Dies wird deutlich bei einem Blick auf Abbildung 5.

Diese Abbildung wurde aus urheberrechtlichen Gründen von der Redaktion entfernt

Abbildung 5: Prognostizierte Bevölkerungsentwicklung in Deutschland nach Altersgruppen in den Jahren von 1960 bis 2050 (Quelle: Statista (2015), (7.1.21, 12:24))

Die Anzahl der Kinder und Jugendlichen sowie der Personen zwischen 20 und 67 Jahren wird sich zurückentwickeln, und der Anteil der älteren Personen über 67 Jahre wird tendenziell leicht steigen. Aufgrund ihres Alters und gesundheitlichen Zustands wird es weniger Personen geben, die aktiv und regelmäßig die aktuellen Sportangebote nutzen können. Daraus werden sinkende Mitgliederzahlen resultieren, was eine Beispielrechnung des DOSB zeigt. Bei einer modellhaften Annahme, dass der Verlauf hinsichtlich der Mitgliederentwicklung analog 1:1

der gleiche wäre wie in den letzten Jahren, würde dies einen Rückgang von ca. 4 Mio. Mitgliedern in den nächsten 50 Jahren bedeuten. Bei dieser Überalterung der Gesellschaft müssen die Sportvereine zwangsläufig ihr Sportangebot erweitern und qualitative und hochwertige Angebote für ältere Menschen anbieten. Zusätzlich gilt es für das Management eines Sportvereins, sich in Planungen und Aktivitäten der Politik einzubringen und diese aktiv mitzugestalten. Hierbei muss mit psychischen und physischen Wohlfühlfaktoren sowie mit der kommunikativen und gesellschaftlichen Komponente geworben werden, um neue Mitglieder zu gewinnen. Zusätzlich bedeutet eine Bevölkerungsänderung auch, dass die Zahl der Migranten zunimmt, welche mit der deutschen Vereinswelt oftmals nicht vertraut sind. Hierzu müssen integrative Maßnahmen ergriffen werden, um die Menschen für die Vereine zu gewinnen und sich in der Bewegungspalette multikulturell zu zeigen. Dem Bereich des Kundenbeziehungsmanagements kommt hier eine wichtige Rolle zu.[29]

Ein weiterer Grund für die Veränderungen der Herausforderungen an das Management ist die Kommerzialisierung im Sport. Allen voran ist der Fußball anzuführen, welcher mittlerweile ein enormes gesellschaftliches Interesse erfährt und welchem eine sehr wichtige wirtschaftliche Bedeutung beigemessen wird. Dies verdeutlicht die Umsatzentwicklung der Fußball-Bundesliga. Der Umsatz in der Saison 2004/2005 betrug ca. 1,284 Mrd. Euro. Sechs Jahre später in der Saison 2011/2012 lag der Umsatz bereits über 2 Mrd. Euro (ca. 2,081 Mrd. Euro). Die Saison 2018/2019 verzeichnete einen Umsatz von ca. 4,019 Mrd. Euro, was das exponentielle Wachstum der Fußballbranche eindeutig unterstreicht.[30] Durch die Kommerzialisierung hat sich das wirtschaftliche Interesse an der Fußballbranche deutlich gesteigert, womit sich Herausforderungen für eingetragene Vereine in der Bundesliga ergeben haben. Bspw. konnte der FSV Mainz 05 e.V. seinen Umsatz der Saison 2017/2018 mit ca. 114,1 Mio. Euro nahezu vervierfachen gegenüber der Saison 2009/2010 mit einem Umsatz von ca. 32,2 Mio. Euro. Aufgrund dieser enormen Umsatzsteigerung hinterfragte das Amtsgericht Mainz den ideellen Zweck des Vereins und drohte mit einer Löschung aus dem Vereinsregister, wenn die Lizenzspielerabteilung nicht innerhalb kurzer Zeit in eine andere Rechtsform ausgegliedert wird.[31] Deswegen haben bereits 14 Mannschaften der

---

[29] Vgl. DOSB (2007), S. 5-6, 14
[30] Vgl. Statista (2020d), (7.1.21, 13:21)
[31] Vgl. allgemeine-zeitung (2018), (7.1.21, 13:36)

ersten Bundesliga ihre Lizenzspielerabteilungen ausgegliedert, womit sich neue organisatorische und strukturelle Veränderungen für das Management ergeben haben, damit der sportliche und wirtschaftliche Erfolg weiterhin sichergestellt werden kann, ohne vorgeschriebene Regelungen zu verletzen.[32]

Als weitere Herausforderung ist die langfristige Bindung von Mitgliedern zu nennen. Die Problematik ist, dass immer mehr Alternativen zur Vereinsmitgliedschaft angeboten werden. Dahingehend wägen viele Personen die finanziellen und opportunen Kosten sowie den Zeitaufwand bei einer Vereinsmitgliedschaft gegenüber anderen Alternativen wie bspw. einer Mitgliedschaft im Fitnessstudio etc. ab.[33] In Deutschland gab es im Jahr 2019 rund 9669 Fitnessstudios. Im Vergleich dazu waren es 2008 nur ca. 5753 Studios.[34] Dies verdeutlicht das exponentielle Wachstum der Fitnessbranche und somit die sich stetig erhöhende Konkurrenz für die Sportvereine. Die Fitnessstudios sind meist besser ausgestattet und bieten mehr Flexibilität, da sie kommerziell betrieben werden und größere finanzielle Mittel besitzen. Das Management eines Sportvereins muss es sich zur Aufgabe machen, ausgebildete Trainer und optimale Trainingsmöglichkeiten zu schaffen, um gegenüber der Konkurrenz standzuhalten sowie mit dem Gemeinschaftsgefühl eines Sportvereins zu werben, welches in einem Fitnessstudio nicht in dieser Intensität geboten werden kann.[35]

Unter anderem haben sich auch neue Herausforderungen für die Gewinnung und Bindung von Freiwilligen und Ehrenamtlichen ergeben. Ehrenamtliche Mitarbeiter können nicht mit finanziellen Anreizen gelockt werden, weshalb das Management andere Motive und Motivationshintergründe erkennen und darauf eingehen muss. Eine Strategie von Vereinen könnte bspw. das „episodic volunteering" sein, was bedeutet, dass die Freiwilligen den Verein nur über die Zeitspanne eines Projekts oder einer Veranstaltung unterstützen. Dadurch können sich die Ehrenamtlichen an einem klar definierten Start- und Endzeitpunkt orientieren und haben Planungssicherheit. Die meisten Personen schrecken vor einer ehrenamtlichen Tätigkeit wegen der Annahme zurück, dass die Aufgabe „für immer" getätigt werden muss, weil kein Vertrag mit einer festgelegten Zeitspanne eingegangen wird. Deshalb könnten Stellenausschreibungen von Vereinen wie folgt

[32] Vgl. kicker (2020), (7.1.21, 13:45)
[33] Vgl. Nagel, S., Schlesinger, T. (2013), S. 90
[34] Vgl. Statista (2020e), (10.1.21, 9:27)
[35] Vgl. Nagel, S., Schlesinger, T. (2013), S. 90-91

18

lauten: „Jugendtrainer über die Sommerferien gesucht" oder „Schiedsrichter für die nächsten 5 Spiele gesucht" etc.[36] Hierdurch hat der Verein zwar eine größere Fluktuation der Ehrenamtlichen, würde sich jedoch gegenüber anderen Vereinen abgrenzen und deutlich interessanter wirken.

Abschließend sind noch die Herausforderungen zu nennen, welche sich aus der Differenzierung und Ausweitung des Sportangebots ergeben bzw. ergeben haben. Damit verbunden ist das Erlernen von neuen und komplexen Arbeitsanforderungen in neuen Tätigkeitsfeldern. Dazu ist es notwendig, Personen mit hoher sozialer und kommunikativer Kompetenz sowie mit sozialpädagogischen Ideen zur Gestaltung der Sportangebote einzustellen. Dabei ist es die Aufgabe des Managements, diese Veränderungen frühzeitig zu erkennen und eine Analyse anzustellen, ob die benötigten Qualifikationen von Ehrenamtlichen erfüllt werden können oder ob eine größere Anzahl an hauptamtlichen Mitarbeitern benötigt wird, um die Bedürfnisse der Mitglieder nachhaltig zu befriedigen.[37]

Resümierend lässt sich festhalten, dass sich die Herausforderungen für Verantwortliche in eingetragenen Vereinen kontinuierlich verändern. Die Sportbranche entwickelt sich stetig weiter und eröffnet neue Aufgabenfelder. Die Chance ist es, diesen Wandel mitzugehen und sich neuen Themen zu öffnen und den Verein regelmäßig zu analysieren, um Optimierungsmöglichkeiten frühzeitig zu erkennen. Dies stellt die Basis einer modernen Vereinsführung dar, um die Interessen aller Beteiligten langfristig zufriedenzustellen und den Verein immer wieder neuen Gegebenheiten anzupassen.

Im folgenden Abschnitt dieser Arbeit wird der Managementbereich Finanzierung am Beispiel des Fußball-Bundesligisten SC Freiburg e.V. näher betrachtet. Aktuell dominiert die stetig wachsende Kommerzialisierung den Profifußball, womit der wirtschaftliche Konkurrenzkampf eine immer bedeutendere Stellung einnimmt.[38] Die Vereine nutzen verschiedene Finanzierungsquellen, die im weiteren Text genauer untersucht und mit Beispielen erläutert werden. Hierbei wird zwischen Innen- und Außenfinanzierung unterschieden.

---

[36] Vgl. Ingerfurth, Prof. Dr. S., Fink, N. (2016), S. 17
[37] Vgl. Nagel, S., Schlesinger, T. (2012), S. 26
[38] Vgl. Sauerwein, J. (2010), S. 1

Innenfinanzierung	Außenfinanzierung
• Spielbetrieb (Ticketing, Gastronomie, Bewirtung) • Vermarktungsrechte (Lizenzen, Sponsoring) • Transfer (Mitgliedswesen)	• Kapitalfinanzierung (Kredite, Beteiligungen, Börsengang, Mezzanine) • Kreditsubstitute (Verbriefung zukünftiger Einnahmen, Leasing von Sportstätten etc.)

Tabelle 1: Finanzierungsquellen von Sportorganisationen (Quelle: Eigene Darstellung, in Anlehnung an Ingerfurth, Prof. Dr. S., Fink, N. (2016))

Im Bereich der Innenfinanzierung spielt das Ticketing bei den Vereinen eine wichtige Rolle. Ticketing bedeutet das Erwerben einer Eintrittskarte, um das Zugangsrecht zu einer Sportveranstaltung zu erhalten und das Event live und direkt mitzuerleben. Zusätzlich können eine Reihe weiterer Rechte mit dem Erwerb einer Eintrittskarte verknüpft sein wie bspw. kostenloser Transport im öffentlichen Personennahverkehr, Parkberechtigungen etc.[39]

Der Zuschauerschnitt der Freiburger ist seit dem vorletzten Aufstieg 2009 in die erste Fußball-Bundesliga auf einem gleichbleibenden Level. Bei einer Stadionkapazität von 24.000 Plätzen liegt er bei ca. 23.500 Zuschauern pro Spiel.[40] In der Saison 2017/2018 sowie 2018/2019 verkaufte der SC Freiburg jeweils insgesamt ca. 15.000 Dauerkarten.[41] Die weiteren Tickets werden online bzw. direkt am Stadion in Form einer Tageskarte verkauft. Die Ticketeinnahmen der Saison 2018/2019 belaufen sich auf ca. 10,9 Mio. Euro.[42]

Als weitere Finanzierungsquelle ist das Sponsoring zu nennen. Der Hauptsponsor der Freiburger ist das Unternehmen „Schwarzwaldmilch", welcher bei jedem Spiel zentral auf den Trikots zu sehen ist und bei sämtlichen Kommunikationsmeldungen im Vordergrund steht.[43] Im Gegenzug dazu zahlt „Schwarzwaldmilch" dem SC Freiburg pro Saison ca. 3 Mio. Euro. Im Vergleich zu den anderen Vereinen der Fußball-Bundesliga ist dieser Betrag dennoch als gering einzuordnen. Bspw. generiert der VFL Wolfsburg generiert ca. 70 Mio. Euro von seinem Hauptsponsor „Volkswagen", RB Leipzig erhält ca. 35 Mio. Euro an

[39] Vgl. Hermanns, A., Riedmüller, F. (2011), S. 243
[40] Vgl. Statista (2020f), (11.1.21, 14:53)
[41] Vgl. rp-online (2018), (11.1.21, 15:40)
[42] Vgl. chilli-freiburg (2019), (11.1.21, 15:58)
[43] Vgl. scfreiburg (2021a), (13.1.21, 10:54)

Sponsoringgeldern pro Saison.[44] Weitere wichtige Sponsoren sind „Hummel" als Markenausrüster, „Rothaus AG" als Getränkesponsor bei Heimspielen im Stadion etc. Allgemein teilt der Verein seine Sponsoren in die Kategorien Hauptsponsor, Premiumsponsors, Classicsponsors, Basicsponsors und Werbepartner ein. Diese Kategorien beschreiben die verschiedenen Pakete, die als interessiertes Unternehmen buchbar sind und durch die unterschiedliche mediale Aufmerksamkeit, die Vermarktung und die Kosten abgegrenzt werden.[45]

Weitere Einnahmequellen sind die Spielertransfers. Hierbei zeigt eine Statistik zu den Transfereinnahmen und -ausgaben des SC Freiburg seit der Saison 2003/2004 bis heute eine positive Bilanz. In der Regel waren die bisherigen Transfereinnahmen höher als die -ausgaben. Die positivste Bilanz erzielte der Verein in der Saison 2015/2016 mit Transfereinnahmen in Höhe von ca. 25,75 Mio. Euro und Ausgaben von lediglich 4,93 Mio. Euro. In der aktuellen Saison steht jedoch mit einem Transferminus von ca. 10,4 Mio. Euro ein Negativwert zu Buche.[46]

Außerdem stellen die Fernsehgelder eine enorm wichtige Finanzierungsquelle für die Bundesligisten dar. Diese werden je nach sportlichem Erfolg jede Saison neu definiert. Der SC Freiburg kassiert in der aktuellen Saison 2020/2021 rund 50,586 Mio. Euro an Fernsehgeldern, was den größten Teil des Umsatzes ausmacht.[47]

Im Bereich der Außenfinanzierung spielt die Kapitalfinanzierung mittlerweile eine wichtige Rolle. Dies resultiert allen voran aus der Kommerzialisierung und der damit einhergehenden wachsenden wirtschaftlichen Finanzkraft des Fußballgeschäfts. Davon kann der SC Freiburg nicht profitieren, da er als eingetragener Verein auftritt und somit vorrangig einen ideellen Zweck verfolgen muss. Wie bereits in Aufgabe 2 erwähnt, haben bereits 14 der 18 Bundesligisten ihre Lizenzspielerabteilungen ausgegliedert[48], um Kapital von externen Kapitalgebern in Anspruch nehmen zu können, um im Konkurrenzkampf mit den anderen Bundesligisten Schritt halten zu können.

---

[44] Vgl. ispo (2020), (13.1.21, 10:59)
[45] Vgl. scfreiburg (2021b), (13.1.21, 11:15)
[46] Vgl. statista (2020g), (13.1.21, 11:24)
[47] Vgl. fernsehgelder (2021), (13.1.21, 11:34)
[48] Vgl. kicker (2020), (13.1.21, 11:44)

Abschließend werden noch Chancen und Risiken aus möglichen Veränderungen im Bereich der Finanzierung des SC Freiburg e.V. aufgezeigt. Eine grundlegende und wichtige Veränderung wäre die Ausgliederung der Lizenzspielerabteilung in eine Kapitalgesellschaft.

Ein Risiko wäre die starke Abhängigkeit von den externen Geldgebern des Vereins, welche jedoch durch die „50+1-Regel" in Deutschland zum größten Teil unterbunden wird, da der Mutterverein mindestens 51 Prozent der Stimmanteile besitzen muss.[49] Des Weiteren könnte es zu einem Verlust von Teilen der Fangemeinschaft führen, da diese oftmals die Angst haben, dass die Werte und die langjährige Tradition sowie der familiäre Zusammenhalt des Vereins nach einer Ausgliederung nicht mehr aktiv gelebt und verkörpert werden.

Auf der anderen Seite wären die Chancen dabei, neues Kapital von externen Geldgebern zu beziehen und bei Spielerkäufen und -verkäufen finanziell konkurrenzfähig zu sein. Durch die Tatsache, dass ein größeres Budget bei Spielerkäufen zur Verfügung stände, könnten qualitativ hochwertigere Spieler verpflichtet werden. Zudem wäre die Wahrscheinlichkeit auf größeren sportlichen Erfolg wahrscheinlich und somit eine größere mediale Aufmerksamkeit auf den Verein gerichtet. Weitere positive Effekte könnten steigende Zuschauer- und Mitgliederzahlen sein sowie eine höhere Attraktivität und Überzeugungskraft des Vereins, neue Spieler zu verpflichten.

Im Finanzierungsbereich der Mitglieder muss sehr sensibel mit Veränderungen umgegangen werden. Erhöhte Mitgliedsbeiträge müssen ausführlich gerechtfertigt und argumentiert werden, da ansonsten die Gefahr besteht, langjährige Mitglieder zu verlieren.

Ebenfalls ist die Finanzierungsquelle der Fernsehgelder lediglich durch sportlichen Erfolg beeinflussbar, denn je größer der sportliche Erfolg ist, desto mehr Fernsehgelder werden an den jeweiligen Verein ausgeschüttet.

Zusammenfassend ist festzuhalten, dass eine Ausgliederung der Lizenzspielerabteilung in der heutigen Zeit für den SC Freiburg e.V. nahezu unabdingbar ist, um mit der Konkurrenz die nächsten Jahre mitzuhalten. Dennoch ist es wichtig zu verstehen, dass der sportliche Erfolg nicht durch höhere finanzielle Mittel automatisch garantiert wird, aber die Wahrscheinlichkeit, langfristig

---

[49] Vgl. dfl (2018), (13.1.21, 12:55)

sportlich erfolgreicher zu sein enorm hoch ist. Deshalb sollte der SC Freiburg e.V. diese Chance nutzen und seine Lizenzspielerabteilung ausgliedern, um weiterhin als feste Größe in der Fußball-Bundesliga agieren zu können.

Literaturverzeichnis

Printmedien

BMJV, Leitfaden zum Vereinsrecht, 1. Auflage, Frankfurt: Druck- und Verlagshaus Zarbock GmbH & Co. KG

Bölz, M. (2015), Sport- und Vereinsmanagement: Sport organisieren und vermarkten, 1. Auflage, Stuttgart: Schäffer-Poeschel Verlag

Breuer, C. (2010), Sportentwicklungsbericht 2009/2010, 1. Auflage, Frankfurt: DOSB

DOSB (2007), Demographische Entwicklung in Deutschland: Herausforderung für die Sportentwicklung, 1. Auflage, Frankfurt: DOSB

Englert, B. (2019), Personalmanagement in Nonprofit-Organisationen, 1. Auflagen, Wiesbaden: Springer Verlag

Haubrock, A., Öhlschlegel-Haubrock, S., (2009), Personalmanagement, 2. Auflage, Stuttgart: W. Kohlhammer Druckerei GmbH + Co.

Herrmanns, A., Riedmüller, F. (2011), Management-Handbuch Sport-Marketing, 2. Auflage, München: Vahlen Verlag

Homburg-Stock, R. (2010), Personalmanagement Theorien – Konzepte – Instrumente, 2. Auflage, Wiesbaden: Springer Verlag

Ingerfurth, Prof. Dr. S., Fink, N. (2016), Nichtkommerzieller Sportverein: Managementherausforderungen, 1. Auflage, Riedlingen: SRH Fernhochschule

Latta, D. (2000), Die Ausgliederung einer Lizenzspielerabteilung in eine GmbH & Co. KGaA, 1. Auflage, Bayreuth: Uni Bayreuth

Nagel, S., Schlesinger, T. (2012), Sportvereinsentwicklung: ein Leitfaden zur Planung von Veränderungsprozessen, 1. Auflage, Bern: Haupt Verlag

Nagel, S., Schlesinger, T. (2013), Individuelle und strukturelle Faktoren der Mitgliederbindung im Sportverein, 1. Auflage, Berlin/Heidelberg: Springer Verlag

Rocco, J. (2020), Der GmbH-Gesellschafter: GmbH-Gründung, Rechte und Pflichten, Haftungsrisiken, Ausscheiden und Abfindung, 4. Auflage, Wiesbaden: Springer Verlag

Sauerwein, J. (2010), Wirtschaftsfaktor Bundesliga, 1. Auflage, Hamburg: Diplomica Verlag GmbH

Schmalenbach, E. (2013), Die Aktiengesellschaft, 7. Auflage, Wiesbaden: Springer Verlag

Schötz, S. (2014), Die Ausgliederung der Lizenzspielerabteilung eines Bundesligavereins auf eine Aktiengesellschaft, 1. Auflage, Bayreuth: Universität Bayreuth

von Appen, J., Schwarz, P. (2014), Der Idealverein im Milliardengeschäft Fußball-Bundesliga – Grenzen und Voraussetzungen wirtschaftlicher Tätigkeit, 2. Auflage, München: C. H. Beck Verlag

Wadsack, R. (2003), Ehrenamt attraktiv gestalten, 1. Auflage, Planegg: WRS Verlag Wirtschaft, Recht und Steuern GmbH & Co. KG

Internetquellen

Aktie.bvb (2020), Basisdaten, Zugriff am 5.1.2021, Verfügbar unter https://aktie.bvb.de/BVB-Aktie/Basisdaten

allgemeine-zeitung (2018), 05-Mitgliederversammlung: Rekordumsatz und Angst um den Vereinsstatus, Zugriff am 4.1.2021, Verfügbar unter https://www.allgemeine-zeitung.de/sport/fussball/mainz-05/05-mitgliederversammlung-rekordumsatz-und-angst-um-den-vereinsstatus_19135597

chilli-freiburg (2019), „Nicht mehr nur Kleingeld": Der SC Freiburg verpasst Rekordumsatz, punktet aber auch wirtschaftlich, Zugriff am 11.1.2021, Verfügbar unter https://www.chilli-freiburg.de/stadtgeplauder/politik-wirtschaft/nicht-mehr-nur-kleingeld-der-sc-freiburg-verpasst-rekordumsatz-punktet-aber-auch-wirtschaftlich/

dfl (2018), Fragen und Antworten zur 50+1-Regel, Zugriff am 5.1.2021, Verfügbar unter https://www.dfl.de/de/aktuelles/fragen-und-antworten-zur-50-plus-1-regel/

fernsehgelder (2021), Aktuelle Saison 2020/2021, Zugriff am 13.1.2021, Verfügbar unter https://www.fernsehgelder.de

ispo (2020), Bundesliga-Sponsoren: Das sind die 18 Trikotsponsoren der Clubs, Zugriff am 13.1.2021, Verfügbar unter https://www.ispo.com/unternehmen/sponsoren-der-bundesliga-clubs-2020/21-alle-trikots-alle-einnahmen

kicker (2020), Nur noch fünf eingetragene Vereine: Die Rechtsformen der Bundesligisten, Zugriff am 29.12.2020, Verfügbar unter https://www.kicker.de/nur_noch_fuenf_eingetragene_vereine_die_rechtsformen_der_bundesligisten-776662/slideshow

media.dfl (2020), Lizenzierungsordnung (LO), Zugriff am 5.1.2021, Verfügbar unter https://media.dfl.de/sites/2/2020/12/Lizenzierungsordnung-LO-2020-12-08-Stand.pdf

onefootball (2018), 50+1: So viele Anteile haben die Bundesligisten verkauft, Zugriff am 5.1.2021, Verfügbar unter https://onefootball.com/de/news/501-so-viele-anteile-haben-die-bundesligisten-verkauft-19213193

pinsetmansons (2020), Finanzierung im Profi-Fußball: So wird die Lizenzspielerabteilung zum Unternehmen, Zugriff am 5.1.2021, Verfügbar unter https://www.pinsentmasons.com/de-de/out-law/analyse/so-wird-die-lizenz-spielerabteilung-zum-unternehmen

rp-online (2018), So viele Dauerkarten verkauften die Bundesligisten, Zugriff am 11.1.2021, Verfügbar unter https://rp-online.de/sport/fussball/bundesliga/bundesliga-18-19-so-viele-dauerkarten-verkauften-die-bundesligisten_bid-17849913#2

scfreiburg (2017), Mitgliederversammlung im Konzerthaus, Zugriff am 29.12.2020, Verfügbar unter https://www.scfreiburg.com/news/mitgliederversammlung-im-konzerthaus-0

scfreiburg (2021a), Hauptsponsor, Zugriff am 13.1.2021, Verfügbar unter https://www.scfreiburg.com/sponsoren/hauptsponsor

scfreiburg (2021b), Die Partner des SC Freiburg, Zugriff am 13.1.2021, Verfügbar unter https://www.scfreiburg.com/sponsoren

Statista (2015), Prognostizierte Bevölkerungsentwicklung in Deutschland nach Altersgruppen in den Jahren von 1960 bis 2050, Zugriff am 7.1.2021, Verfügbar unter https://de.statista.com/statistik/daten/studie/321898/umfrage/demographie-bevoelkerungsentwicklung-in-deutschland-nach-altersgruppen/

Statista (2020a), Gesamtzahl der Sportvereine in Deutschland von 1999 bis 2020, Zugriff am 23.12.2020, Verfügbar unter https://de.statista.com/statistik/daten/studie/215312/umfrage/gesamtmitgliederzahl-deutscher-sportvereine/

Statista (2020b), Rechtsformen der Klubs der 1. Fußball-Bundesliga, Zugriff am 23.12.2020, Verfügbar unter https://de.statista.com/statistik/daten/studie/226178/umfrage/rechtsformen-der-fussballklubs-in-europa/

Statista (2020c), Anteilshaber der FC Bayern München AG, Zugriff am 5.1.2021, Verfügbar unter https://de.statista.com/statistik/daten/studie/164268/umfrage/anteilseigner-der-bayern-muenchen-ag/

Statista (2020d), Umsatz der 1. und 2. Fußball-Bundesliga von der Saison 2004/05 bis zur Saison 2018/19, Zugriff am 7.1.2021, Verfügbar unter https://de.statista.com/statistik/daten/studie/4867/umfrage/entwicklung-der-erloese-in-der-ersten-und-zweiten-fussballbundesliga/

Statista (2020e), Anzahl der Anlagen in der Fitnessbranche in Deutschland von 2008 bis 2019, Zugriff am 10.1.2021, Verfügbar unter https://de.statista.com/statistik/daten/studie/6231/umfrage/anzahl-der-anlagen-in-der-fitness-branche/

Statista (2020f), Zuschauerschnitt vom SC Freiburg von der Saison 2002/2003 bis zur Saison 2019/2020, Zugriff am 11.1.2021, Verfügbar unter https://de.statista.com/statistik/daten/studie/312182/umfrage/zuschauerschnitt-vom-sc-freiburg/

Statista (2020g), Transfereinnahmen und -ausgaben vom SC Freiburg von der Saison 2003/2004 bis zur Saison 2019/2020, Zugriff am 13.1.2021, Verfügbar unter https://de.statista.com/statistik/daten/studie/312283/umfrage/transferbilanz-von-sc-freiburg/

Vereinsknowhow (2020), Wie gründe ich einen Verein/e.V.? - Kurzleitfaden Vereinsgründung, Zugriff am 29.12.2020, http://www.vereinsknowhow.de/kurzinfos/leitfaden.htm